Martin Cunow
Carolin v. Wilamowitz

Mein unglaubliches Leben mit der Diagnose KREBS

Martin Cunow
Carolin v. Wilamowitz

Mein unglaubliches Leben mit der Diagnose KREBS

1998-2013

Verlag Lebensreise

Impressum / Imprint
Bibliografische Information der Deutschen Nationalbibliothek: Die Deutsche Nationalbibliothek verzeichnet diese Publikation in der Deutschen Nationalbibliografie; detaillierte bibliografische Daten sind im Internet über http://dnb.d-nb.de abrufbar.

Bibliographic information published by the Deutsche Nationalbibliothek: The Deutsche Nationalbibliothek lists this publication in the Deutsche Nationalbibliografie; detailed bibliographic data are available in the Internet at http://dnb.d-nb.de.

Coverbild / Cover image: www.ingimage.com

Verlag / Publisher:
Verlag Lebensreise
ist ein Imprint der / is a trademark of
AV Akademikerverlag GmbH & Co. KG
Heinrich-Böcking-Str. 6-8, 66121 Saarbrücken, Deutschland / Germany
Email: info@verlag-lebensreise.de

Herstellung: siehe letzte Seite /
Printed at: see last page
ISBN: 978-3-639-61716-0

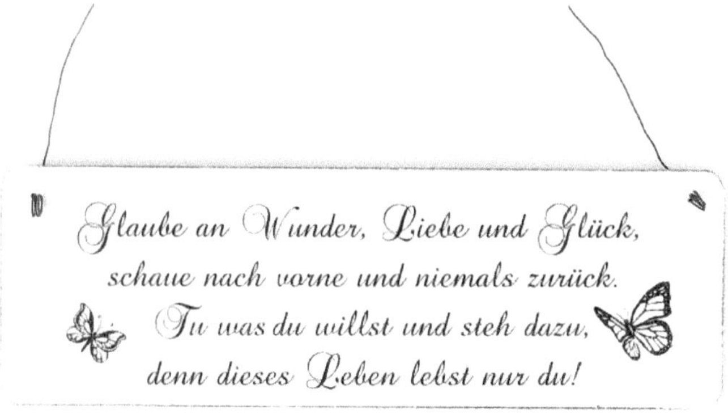

Glaube an Wunder, Liebe und Glück,
schaue nach vorne und niemals zurück.
Tu was du willst und steh dazu,
denn dieses Leben lebst nur du!

INHALTSVERZEICHNIS

PROLOG

„Tut uns einen gefallen, alle, die ihr lest, alle, die ihr helfen wollt, alle, die ihr nicht wisst wie.

Habt Mitleid mit uns…

aber bitte nur am Anfang…

irgendwann ist Mitleid tödlich, weil wir dann selber anfangen, uns zu bemitleiden. Helft uns in unser neues Leben zu finden. Steht uns bei Rückschlägen bei, gebt uns die Sicherheit, dass ihr da sein werdet, lasst uns nicht alleine. Und wenn dann die Zeit kommt, wo dieses Leben hier zu Ende geht, bleibt bei uns, habt keine Angst vor dem Tod, habt keine Angst davor, uns sterben zu sehen. Gebt uns ein letztes Geleit auf dem Weg ins Ungewisse, gebt uns den Respekt, den jeder, der an dieser Schwelle steht, verdient hat. Denn wenn ihr uns ein Stuck von euch mitgebt auf diese Reise, dann, da bin ich mir sicher, wird auch von uns ein Stuck bei euch bleiben.“

*Ich musste früh lernen, mit der **DIAGNOSE KREBS***

*mein **LEBEN** zu bestreiten!*

Cunow Martin

EINLEITUNG

Seit meiner frühen Jugend muss ich **Martin Cunow** (35 Jahre alt) mich mit KREBS auseinandersetzen. Vom Tag der Diagnose bis zur letzten Nachuntersuchung ist es schon immer mein Ziel gewesen, meine Erfahrungen & Schicksalsschläge in die Öffentlichkeit zu tragen.

Mit diesem Buch möchte ich anderen Menschen Mut machen - denn als ich an KREBS erkrankte, fand ich kein solches Buch, keine Schrift oder sonst irgendeine nützliche Information. Also schrieb ich nun selbst.

Nach nun eben 16 Jahren (**1997-2013**) möchte ich mein unglaubliches Leben mit meiner Krebserkrankung an Betroffene und an deren Angehörige weitergeben und hoffe somit meine Erfahrungen mit KREBS teilen zu können.

Die Diagnose „KREBS" trifft meist wie ein Blitz und ohne Vorwarnung, löst eine Art Schockzustand aus und meist tauchen schwärzeste Fantasien auf.

Angst, **Wut**, **Verzweiflung**, **Ungewissheit** - für die meisten Betroffenen und Angehörige eine emotionale Achterbahn. Viele Fragen tauschen auf, viele Antworten werden gesucht…

WIE SOLL ES WEITERGEHEN?

WIE GEHT ES WEITER?

1997-1998 erhielt ICH die Diagnose: „KREBS"!

Seitdem habe ich viel erlebt…
und zwar nicht nur Schlechtes.

Dieses Buch soll nun meine ganze Geschichte erzählen und vielleicht dem einen oder anderen Betroffenen Mut machen. Auch wenn sich viele Dinge im Leben nicht verstehen lassen - irgendwann kommt der Tag, an dem man weiß wieso dieses oder jenes geschehen ist.

Daher habe ich eines gelernt:

Auch wenn keine Heilung mehr möglich ist, das Leben geht trotzdem weiter!

Das Leben geht weiter, weil Stillstand den Tod bedeutet,

aber Bewegung bedeutet Leben!!

Cunow Martin

DIAGNOSE KREBS

Auch heute noch verbreitet die Diagnose „KREBS" Angst und Schrecken. Einerseits sicher zu recht, denn KREBS ist lebensbedrohlich, andererseits ist KREBS heutzutage in den meisten Fällen durchaus heilbar.

Immer mehr an Krebs erkrankte Menschen schaffen es, ihre Erkrankung auszublenden und ein normales Leben weiter zu leben.

Bei Anderen, die als „unheilbar" gelten, ermöglicht die heutige Medizin eine hohe Lebensqualität in der letzten…

Wer sich mit dem KREBS näher auseinandersetzt, befasst sich unweigerlich mit dem Thema „Tod". Deswegen möchte ich auf diesen Seiten darüber berichten, wie mein Krankheitsverlauf war und welches meine Gedanken und Gefühle in dieser Zeit waren.

Von einer Sache bin ich überzeugt: Optimismus und das Wehren gegen den KREBS bedeutet einen wichtigen Schritt Richtung Gesundheit!

WIESO SCHREIBE ICH ÜBER MEIN LEBEN MIT DEM KREBS?

WARUM MEINE ICH NICHT: MEIN LEBEN GEGEN DEN KREBS?

ODER MEINEN KAMPF GEGEN DEN KREBS?

WIE LAUTET DIE RICHTIGE FORMULIERUNG?

**WARUM IST ES SO SCHWER,
SICH FÜR EINE DIESER VERSIONEN ZU ENTSCHEIDEN?**

ÜBER MICH

Anfang März **1978** erblickte ich in Kandel (im Süden von Rheinland-Pfalz) das Licht der Welt.

Meine Eltern sind ganz normale Leute, mein Vater arbeitet bis heute hart im regionsansässigen LKW-Werk, um unserer Familie ein gutes Leben zu ermöglichen. Meine Mutter arbeitet bei der Post…

- eine ganz normale deutsche Familie also.

Ich wuchs behütet auf, machte meinen Hauptschulabschluss (**1984-1993**) und hiernach eine Ausbildung (**1993-1996**) zum Kfz-Lackierer beim Arbeitgeber wie mein Vater. Später - nach der Krebsdiagnose – versuchte ich mich an einer Weiterbildung (**2000**) zum technischen Fachwirt. Während dieser Zeit war ich zusätzlich nebenbei als Werbegestalter (**2003-2004**), Discjockey (**2000-2005**) und Autor (**2012**) tätig. Mein erstes Buch „Familienchronik Cunow und seine Familienzweige" erschien beim Doyen Verlag und ist im Handel erhältlich.

Aber dazu im Verlauf dieses Buches mehr…

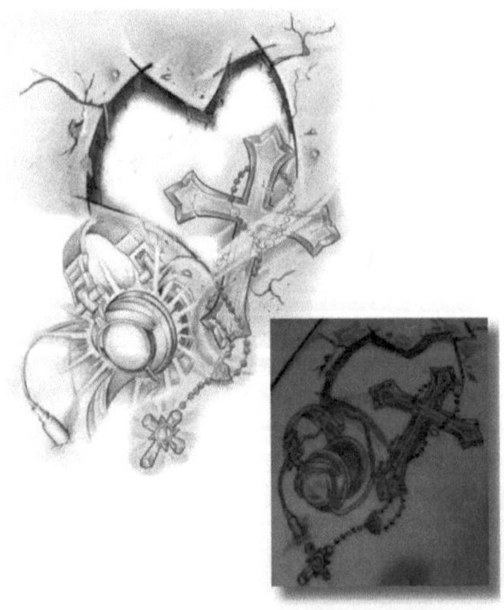

(Im Jahr **2012** verewigte ich, für mich die Liebe zu meinem Dasein als DJ – die Liebe zu meiner Tochter und mein Glauben in einen selbst erstellten Tattoo.)

WIE „MEIN KREBS" BEGANN

*„Heilig Abend **1997** steht vor der Tür. Eigentlich ist es wie jedes Jahr...
und doch ist es immer wieder ganz anders."*

Cunow Martin

Es war an einem Morgen zwischen Weihnachten und Neujahr **1997-1998**, als ich früh morgens mit Schmerzen im rechten Brustkorb aufwachte. Wie aus dem Nichts hatte ich an der schmerzenden Stelle eine unerklärliche Schwellung. Ich wusste nicht woher die Schwellung kam - erst mal kein Grund zur Sorge, so dachte ich.

Es vergingen 3 bis 4 Tage und sowohl die Schmerzen als auch die Schwellung wurden stetig schlimmer. Nichts ahnend und doch alarmiert suchte ich meinen damaligen Hausarzt, Dr. M., auf, der nach kurzer Untersuchung eine Punktion durchführte, die entnommene Gewebeprobe sofort in ein Speziallabor (Praxis für Pathologie, Prof. Dr. G. in Hamburg) schickte und mich umgehend stationär einwies mit dem Verdacht auf...

K R E B S.

Im Kreiskrankenhaus Kandel wurde ich noch am selben Tag operiert, da ich mittlerweile meinen rechten Arm nicht mehr bewegen konnte. Bei diesem Eingriff wurde ein im Durchschnitt 5 cm großes Stück Muskel aus meinem Brustkorb entnommen.

Arztbericht

Stationärer Aufenthalt: **8.01.1998-16.01.1998**

In der vorderen Achselwand rechts ca. 5 cm im Durchmesser grosse prallelastische Verhärtung, in der rechten Achselhöhle mehrere bis haselnussgrosse derbe Lymphknoten.

LEU 17000/ul…

Empfehlung: Vorstellung des Patienten in der Kinderklinik des Städt. Klinikum Karlsruhe
(Dr. N.) zur weiteren Therapie.

Nach einer Woche voller Ungewissheit kam das erste Untersuchungsergebnis der Punktion aus dem Labor.

Befund

10 ml gelbliche leicht trübe Flüssigkeit mit mehreren winzigen Partikeln…

Das Punktat zeigt Anteile eines undifferenzierten malignen Tumors (G3)…

Hilfreich wäre es zu wissen, woher das Punktat stammt.

Nach Rücksprache mit Dr. M. war Prof. Dr. G. klar: „Rhabdomysakom Thorax rechts" - zu dieser Zeit eine der seltensten und bösartigsten Krebszellen.

Eines montags Mitte Januar **1998** stellte ich mich mit genau diesem Ergebnis in der Kinderklinik Karlsruhe bei Dr. N. vor. Ich hatte so viele Fragen…doch Dr. N. teilte mir leider mit, ich müsse mich wegen meines Alters von 19 Jahren in der Onkologie Städt. Klinikum Karlsruhe vorstellen.

...

Schlaflose Nächte vergingen...

DIE DEFINITION VON KREBS

KREBS – eine Krankheit der Gene

Kaum eine Krankheit ist mit so vielen Ängsten verbunden wie KREBS. Werden Betroffene von ihrem Arzt mit dieser Diagnose konfrontiert, fallen die meisten von ihnen erst einmal in ein tiefes Loch. Wie wird es jetzt weitergehen? Gedanken an Schmerzen, Leiden, lange Klinikaufenthalte, Bettlägerigkeit und Tod kommen auf. Helfen können in dieser Situation vor allem Informationen und Wissen über KREBS.

Krebszellen entstehen, wenn sich bestimmte Abschnitte der Erbsubstanz (Gene) verändern, diese Veränderungen nicht mehr repariert und die Erbinformationen dadurch „verfälscht" werden. Je älter der Mensch wird, desto unzuverlässiger arbeitet das Reparatursystem der Gene. Dies spiegelt sich in den Neuerkrankungszahlen wider: Das mittlere Erkrankungsalter liegt für Männer und Frauen bei 69 Jahren. Es gibt jedoch auch Krebsarten, die insbesondere jüngere Erwachsene betreffen. Dazu gehört beispielsweise Hodenkrebs: Das mittlere Erkrankungsalter liegt hier bei 38 Jahren.

GEDANKEN

„Na ja was soll ich sagen?

Ich hatte nun mit 20 meinen ersten KREBS.

Ich war jung, unerfahren und geschockt und war Heil froh über die wundervolle Unterstützung meiner Familie und Freunde sowie über die super Aufklärung der verschiedenen Ärzte. Ich fühlte mich in guten Händen!

Aber: ich hatte einen Rhabdomysakom im zarten Alter von 20 Jahren!"

Cunow Martin

DIE THERAPIE BEGINNT

Am Ende Januar **1998** bekam ich einen Termin und wurde sofort Stationär aufgenommen. Nach nicht einmal 2 Stunden kam die Oberärztin Dr. W. und teilte mir die weitere Vorgehensweise mit.

Ich wurde von Kopf bis Fuß untersucht und fühlte mich dort in guten Händen. Zu diesem Zeitpunkt verlor ich in einem Zeitraum von 4 Wochen 20 Pfund – rund ein Fünftel meines Körpergewichts – und wog nur noch 40 Kilo.

Im karlsuher städtischen Klinikum wurden alle Lymphknoten penibel untersucht, es wurde Blut entnommen und im Laufe der Therapie wurden mehrere Computertomographien (CT), Magnetresonanztomographien (MRT), Positronen-Emissions-Tomographien (PET) sowie Skelettszintigrafien und

Röntgenaufnahmen von meinem gesamtem Körper gemacht.

Nach all diesen Untersuchungen wurde mir eine Chemotherapie nach „EVAIA“ in etwa 12 Behandlungszyklen verordnet.

Die Chemotherapie dauerte insgesamt etwa 20 Monate. Hierzu wurde mir ein Zentraler Venenkateder (ZVK, umgangssprachlich „Port“ genannt) implantiert. Der Port wurde mir vor Beginn der Chemotherapie in einem großen Gefäß im linken Brustbereich – also in unmittelbarer Nähe des Herzens - implantiert. Er guckt aus der Haut heraus, und wurde mir durch die innere Halsvene bis direkt vor mein Herz geschoben. Leider entsteht durch das Herausgucken des Venenkateders ein erhöhtes Infektionsrisiko. Das ist bekannt und leider blieben solche Infektionen auch bei mir nicht aus.

Auf Grund der Krankheit und der folge Schäden machte ich Anfang des Jahres neben der Therapie eine Weiterbildung (Umschulung) als techn. Fachwirt. Da ich als Lackierer nicht mehr Arbeiten durfte. Diese wurde über die Deutsche Rentenversicherung veranlasst.

ABBRUCH DER CHEMOTHERAPIE

Als ich kurz vor Ende der mir verordneten Chemotherapie war und bereits mehrere Infektionen an meinem Port hinter mir hatte, war ich am Ende meiner Kräfte und bat daher meine behandelnden Ärzte, mich nochmals vollständig zu untersuchen. Dieser Bitte kam Frau Dr. W. gerne nach und tatsächlich ergab die Diagnose, der KREBS sei besiegt.

Ich kann mein Glück zu dieser Zeit kaum in Worte fassen und teilte meine Freude über den gewonnenen Kampf mit den anderen Patienten auf der Station im Karlsruher städtischen Krankenhaus, welche meine wieder gewonnene Lebensfreude aufsaugen wie vertrocknete Erde das Wasser…

Ich durfte mich in der Mittelrheinklinik in Bad Salzig, einer Fachklinik für psychosomatische und onkologische Rehabilitation, erholen.

RÜCKFÄLLE VORBEUGEN ?

Wenn eine Krebstherapie erfolgreich abgeschlossen ist, sollte eigentlich alles „in Ordnung" sein. Das ist leider ein Trugschluss. Denn wenn ein kranker Mensch über viele Wochen hinweg sein Leben nach seiner Krankheit und deren Bekämpfung durch die verschiedensten Untersuchungen und Therapien ausrichtet, tritt häufig eine große Leere auf, wenn man plötzlich nichts mehr zu organisieren hat. Zuvor wurde der Alltag schließlich von mehrtägigen Krankenhausaufenthalten pro Woche, ungeplanten Pausen wegen beispielsweise schlechter Blutwerte bestimmt oder aber einfach durch das ständige „Hinhorchen" was den eigenen Körper, Schwäche, Müdigkeit, hinreichende und vor allem ausgewogene Flüssigkeits- und Nahrungsaufnahme betrifft, geprägt. Es mag paradox klingen, aber diese Struktur im Alltag eines kranken Menschen gibt diesem eine gewisse Sicherheit, die plötzlich nicht mehr da ist.

Zu dem bleiben die bedrückenden Fragen und die Angst. Was ist nun mit dem KREBS?

Schließlich gilt man erst nach mindestens 5 Jahren ohne Befund als tatsächlich geheilt – wenn überhaupt. Kann man die Angst bekämpfen? Wenn ja, wie? Was ist mit den Schäden, die die Chemotherapie im Körper des krebskranken

Menschen hinterlassen haben? Was ist mit den Langzeitschäden, auf die in den Aufklärungsformularen hingewiesen werden? Kann man diese vermeiden? Und wenn ja, wie?

Ich hatte bei meinem Abschlussgespräch im städtischen Klinikum Karlsruhe so viele Fragen, auf die selbst meine behandelnden Ärzte – die Profis – nicht wirklich eine Antwort wussten. Also rieten sie mir, mich gesund zu ernähren, Stress zu vermeiden und das Leben zu genießen. Im gleichen Gespräch erfuhr ich jedoch auch, dass die Rezidivrate – also die Häufigkeit von Rückfällen – bei „meinem" KREBS und dem Stadium in dem ich mich befand, grundsätzlich sehr hoch sei und vor allem im ersten Jahr bei 80 % läge.

AUF DEM FALSCHEN WEG

Nach dem KREBS ist vor dem KREBS...denn er holte mich wieder ein...

Fünf Jahre vergingen, in denen ich regelmäßig zu meinen Kontrolluntersuchungen ging, als meine kleine Tochter geboren wurde. Ich war dankbar, denn ich wusste, dass eine Chemotherapie nicht zuletzt zur Impotenz führen kann. Trotz allem ignorierte ich die Schmerzen in meinem rechten Sprunggelenk nicht, die mich in dieser Zeit belasteten, sondern ließ sofort entsprechende ärztliche Untersuchungen vornehmen und erhielt die Diagnose: „SAPHO Syndrom".

Etwa ein Vierteljahr nach dieser falsch gestellten Diagnose schwoll jedoch mein Fuß durch einen Mückenstich dermaßen an, dass Laufen unmöglich war.

Da ich von der Notfallaufnahme des städt. Klinikum Karlsruhe abgewiesen wurde, wurde ich Dank meiner Familie in die Orthopädische Universitätsklinik in Heidelberg (Schlierbach) gebracht, wo ich umgehend von einem Spezialteam operiert wurde. Durch mehrere Infektionen musste ich mehrfach operiert werden und das Angsteinflössende Wort „Amputation" stand im Raum – für einen jungen Menschen wie MICH als frischgebackenem Vater natürlich ein Schock.

Umso größer war die Erleichterung, als das Heidelberger Ärzteteam den Fuß retten konnte. Noch heute – gut 7 Jahre später – wird mein Fuß von einer damals implantierten Antibiotikakette versorgt.

Natürlich dauerte es viele Monate, bis ich ansatzweise und nur mit Hilfe eines Gehstocks wieder laufen konnte. Der Schock allerdings war das Ergebnis der Laboruntersuchungen von meinen Gewebeproben, welche die Heidelberger Ärzte nach den vielen Operationen aus meinem Fuß entnommen hatten: „KREBS“!

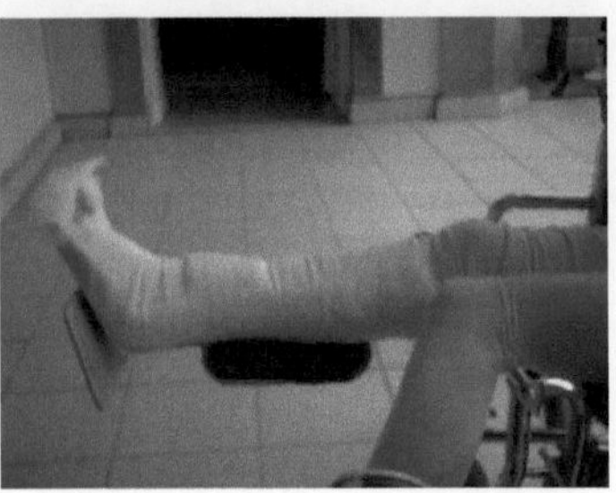

Ich befand mich in einem Schockzustand.

„Warum ich? Was ist das nur für ein grausamer Psycho-Thriller?!“

Cunow Martin

Man konnte mich beruhigen. Es handele sich bei diesem KREBS um ein Non Hodgkin Lymphom (NHL), welches eine weitaus harmlosere und leicht zu behandelnde Krebsart sei.

„OK! Den Anderen hast Du auch besiegt, da schaffst Du diesen hier auch!!“

Cunow Martin

WIEDER MAL CHEMOTHERAPIE

In der Universitätsklinik in Heidelberg erstellte man für mich einen Therapieplan nach „CHOP", welcher im städtischen Klinikum der Stadt Karlsruhe in die Tat umgesetzt wurde. Geplant waren diesmal 9 Behandlungszyklen. Zum Glück hatte ich meinen Port noch...

Auch bei dieser zweiten Chemotherapie merkte ich extrem schnell, dass ich sie nicht vertrug. Also sprach ich nach dem 4 Zyklus wieder mit den behandelnden Ärzten und bat um Untersuchung meines Körpers. Wie schon beim ersten Mal erhielt ich die Diagnose, der KREBS sei weder im Blut noch im Körper nachweisbar – und somit besiegt.

REHABILITATION

Fürs erste „genesen", durfte ich mich von April bis Mai **2000** wieder in der Mittelrheinklinik in Bad Salzig, einer Fachklinik für psychosomatische und onkologische Rehabilitation, erholen.

Träger dieser Klinik ist die Deutsche Rentenversicherung Rheinland-Pfalz und es blieb nicht aus, dass man es für richtig und wichtig befand, mich nun zu berenten.

Somit wurde ICH

- **2000-2004** BU-Rentner
- **2004-2011** EU-Rentner (auf Zeit)
- **2011-2045** EU-Rentner ab **2045** alters Rentner

Seit **2000** habe ich einen Schwerbehindertenausweis, welcher nach mehrmaligen Widersprüchen und Gutachten nun mit **100%** und mit den Merkzeichen **B**, **G** & **aG** ausgestellt ist. Seit **2011** wurde mir auch die Pflegestufe 1 zuerkannt.

Ich würde noch heute mit Ämtern und deutschem Bürokratentum kämpfen müssen, wäre da nicht meine damalige Beraterin, Frau H. gewesen.

„Es ist wichtig zu kämpfen, auch wenn der Weg lange und steinig ist!“

Cunow Martin

Im November **2006** war die Helios Klinik in Diez für mich ein wichtiger Ort, an dem ich die Verbesserung der Vater-Kind-Beziehung zu meiner Tochter pflegen und verbessern konnte, welche wegen der langen Abwesenheit durch meine Krankheit unvermeidlich gelitten hatte. Weiterhin konnte ich hier am Wiederaufbau meiner psychischen Belastbarkeit arbeiten und an der Vermeidung meiner zu schnellen körperlichen Erschöpfung – nicht zuletzt arbeitete ich dort an der Wiederherstellung meiner Bewegungsfähigkeit.

Im Frühling **2009** bewilligte man mir und meiner Tochter eine Vater-Kind-Kur in der Ostseeklinik Königshörn auf Rügen, welche uns Beiden sehr gut tat. Für mich ist meine kleine „Prinzessin“ das Wichtigste und ich lege sehr viel Wert auf die bestmögliche Beziehung zu meinem Kind.

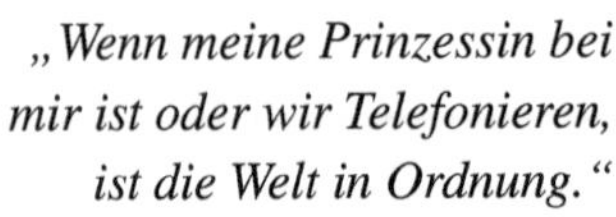

„Wenn meine Prinzessin bei mir ist oder wir Telefonieren, ist die Welt in Ordnung.“

Cunow Martin

SCHLAGANFALL?

Unabdingbar zogen die Tage, Wochen, Jahre ins Land und ich klagte über Schwindel und Doppel Bilder, eines Morgens irgendwann in 2011 erwachte ich, wollte aufstehen, konnte mich aber kaum auf den Beinen halten. Das Schwindelgefühl und die Doppelbilder vor meinen Augen wollten einfach nicht weggehen. Erneut führte der erste Weg ins Klinikum nach Karlsruhe.

Wieder einmal musste ich Computertomographie, Magnetresonanztomographie sowie verschiedene neurologische Untersuchungen über mich ergehen lassen. Auch wurden die sämtliche Nervenströme in meinem Körper gemessen, der Verdacht auf einen Schlaganfall war einfach zu hoch. Selbst nach drei Lumpalpunktionen konnten die Ärzte keine Diagnose stellen. Meine Beschwerden verschlimmerten sich, ich brauchte mittlerweile ein Prisma auf einer Brille, um überhaupt noch etwas sehen zu können. Laufen konnte ich schon nicht mehr und mir selbst fiel auf, dass meine Lymphknoten in der rechten Leistengegend geschwollen waren.

Nach drei Monaten ohne Diagnosestellung, dafür aber mit immensen Beeinträchtigungen körperlich und Angstzuständen seelisch kapitulierten die Ärzte in Karlsruhe und überwiesen mich in die Rehabilitationsklinik für psychotherapeutische Neurologie Schmieder nach Konstanz, in der man mir nach einem ersten Gespräch mitteilte, ich habe „KEIN neurologisches Problem" und gemeinsam mit mir einen entsprechenden Therapieplan erarbeitete.

Im Laufe meines Aufenthalts zeigten sich endlich erste Fortschritte im Genesungsprozess. Das Prisma auf meiner Brille wurde gegen eine einfache Augenklappe getauscht und ich machte leichte Fortschritte beim Laufen. Doch die Doppelbilder blieben und die Schwellung in der rechten Leistengegend wollte nicht zurückgehen, daher musste ich meinen Reha-Aufenthalt unterbrechen, und wurde im städt. Klinikum Konstanz erneut onkologisch untersucht. Insgesamt wurden mir drei vergrößerte Lymphknoten entnommen und ich stimmte einer laboralen Untersuchung derselben zu.

Während ich wieder einmal mit bangem Gefühl auf Untersuchungsergebnisse wartete, konnte ich meine Rehabilitationsmaßnahme in Konstanz abschließen und eroberte mir mit Hilfe eines Rollators ein Stückchen Lebensqualität zurück: ich lernte – wenn auch nur langsam – wieder laufen!

TÄGLICH GRÜSST DAS MURMELTIER

Tatsächlich erinnert die erneute Diagnose ein kleines bisschen an den berühmten Film mit James Belushi und Andi McDowell aus dem Jahre **1993**, doch ist meine Geschichte nicht einmal ansatzweise so erfrischend lustig.

Ich erhielt also die Nachricht, dass ich wieder an KREBS erkrankt sei. Bis heute wissen meine behandelnden Ärzte nicht genau, ob dieser KREBS ein sogenanntes „Rezidiv" ist oder nicht. Man konnte mir lediglich mitteilen, dass es sich – wie schon einmal – um ein T-Zell (NHL)- Lymphom handelt und es sich eventuell um ein „Morbus Hodgkin-Lymphom" handeln könnte.

WARTEN WARTEN WARTEN...

Geplant war nun eine Fremdstammzellentherapie, doch wie und wann diese starten konnte, stand in den Sternen.

„Ich habe über sechs Monate gewartet, dass es endlich losgeht.

Und Leute: ich hatte wirklich Angst!"

Cunow Martin

...UND AUF DER VERZWEIFELTEN SUCHE

Im August des Jahres **2011** inserierte ich auf der Webseite der DKMS Deutsche Knochenmarkspendedatei gemeinnützige Gesellschaft mbH sowie über verschiedene Social Network-Websiten wie zum Beispiel Facebook folgendes:

„Ich leide leider schon seit 12 Jahren an KREBS und konnte ihn 2x mal besiegen. Nun muss ich aber eine Stammzellen Therapie durchfuhren lassen. Leider sind meine Stammzellen selten und noch kein Spender gefunden werden.

Für viele Menschen sind Sie als Gesunder die letzte Chance zum Überleben. Helft auch Ihr und lasst Euch registrieren. Ein kleiner Eingriff kann Leben retten. Stammzellen kann in jeder Blutbank ganz einfach gesammelt werden und tun nicht weh!"

Des Weiteren informierte ich mich umfassend mit dem Thema der Stammzellenspende und trug folgende Fakten zusammen:

Trotz **IHRER** Bemühungen die Öffentlichkeit über die Stammzellspende aufzuklären, existiert eine Reihe von Vorurteilen. Nachfolgend unterziehen wir die geläufigsten Vorurteile einem Fakten-Check.

1. Vorurteil/Falsch:
„Stammzellen werden dem Rückenmark entnommen."

Fakt:
Rückenmark (ein Teil des zentralen Nervensystems) und Knochenmark (das wichtigste Blutbildende Organ des Menschen) werden häufig verwechselt. Das Rückenmark des Spenders bleibt unberührt. Das Knochenmark bzw. die Stammzellen werden – wenn die Entnahme mit dem operativen Eingriff erforderlich ist – aus dem Beckenkamm entnommen. Die Entnahme erfolgt unter Vollnarkose.

2. Vorurteil/Falsch:
„Für die Stammzellspende ist immer eine Operation nötig."

Fakt:
Neben dem operativen Eingriff – der Knochenmarkentnahme aus dem Beckenkamm – gibt es eine weitere Möglichkeit, Stammzellen zu spenden: Mit ca. 80 % ist die so genannte periphere Stammzellentnahme sogar die am häufigsten durchgeführte. Dabei werden Stammzellen über ein spezielles Verfahren aus dem Blut gesammelt. Dies geschieht ambulant ohne Narkose.

3. Vorurteil/Falsch:
„Wenn ich Stammzellen weggebe, dann fehlen sie mir irgendwann einmal."

Fakt:
Der Körper bildet die Stammzellen innerhalb von zwei Wochen neu. Das Verfahren ist mit einer Blutspende vergleichbar und führt nicht zu einem dauerhaften Verlust der Stammzellen.

4. Vorurteil/Falsch:
„Der Spender muss die gleiche Blutgruppe wie der Patient haben."

Fakt:
Bei der Stammzelltransplantation kommt es nicht auf die Übereinstimmung der Blutgruppen an, sondern auf die möglichst genaue Übereinstimmung der Gewebemerkmale
(HLA-Merkmale) zwischen Spender und Patient. Eine nahezu 100 %ige

Übereinstimmung zu finden, ist sehr kompliziert und wird deshalb mit der sprichwörtlichen Suche nach der Stecknadel im Heuhaufen verglichen. Kommt es zur Spende, dann übernimmt der Empfänger mit den Stammzellen auch die Blutgruppe seines Spenders.

DIE RETTUNG ?

Weder über die Spenderdatei der DKMS noch durch die eigene Suche von mir ließ sich ein geeigneter Spender finden. Also ließ ich mich von Spezialisten auf dem Gebiet der Stammzellenforschung untersuchen um festzustellen, ob es eine Chance zur Therapie mit meinen eigenen Stammzellen existiert.

Und tatsächlich, die Untersuchungsergebnisse ergaben, dass ich eigene Stammzellen sammeln konnte und bereits nach vier Wochen konnte mein Körper meine eigenen Stammzellen Produzieren (Angeregt durch Medikamente) und zur Therapie verwenden!

Die Chemotherapien der Vergangenheit erschwerten die Vorbereitungen auf eine Stammzellentransplantation, aber nichtsdestotrotz konnte der Eingriff durchgeführt werden – die Rettung, der ENTGÜLTIGE Sieg über den KREBS!!

„Mein Fazit: NIE DIE HOFFNUNG UND DEN GLAUBEN AUFGEBEN!“

Cunow Martin

Im Mai **2012** war ich zum Wiederaufbau meiner Gesundheit nach der Stammzellentherapie in der Tumorklinik in Freiburg.

DIE HOFFNUNG STIRBT ZULETZT

Nachdem Ich

(…wieder zu Hause war nach der Rehabilitation in Freiburg erinnerte ich mich an das Gespräch mit der Ärztin von Konstanz…)

in der Anschlussheilbehandlung in Konstanz das Angebot erhalten hatte, ein Medikament für Multiple Sklerose-Erkrankte auszuprobieren, wuchs ihn mir erneut Hoffnung auf Genesung beziehungsweise auf zumindest eine Linderung meiner Beschwerden. Und ich suchte nach neurologischem Rat, eine Spezialklinik (SRH Klinikum) in Langensteinbach auf, um dort die entsprechende Unterstützung zu erhalten.

Nach wenigen Stunden schon wurde ich von den dortigen Ärzten abgewiesen mit der Aussage, dass mir zurzeit nicht geholfen werden könne.

Meine Symptome hatten (haben) sich seit über einem Jahr nicht verbessert…

ÜBERLEGUNGEN

Vielleicht liegt es daran, dass ich schon zu viel erlebte, was mich in einen Grenzbereich schickte, den ein Mensch nicht üblicher Weise überlebt. Vielleicht liegt es aber auch einfach daran dass ich gelernt habe, mit dieser tödlichen Bedrohung zu leben, den der KREBS für mich und die gesamte Menschheit darstellt. Ich habe mich längst darauf eingestellt, eventuell an KREBS zu sterben, das macht mir keine Angst mehr.

Überlegen wir doch einmal, was da passiert...

Es ergibt sich eine einschneidende Veränderung im Leben eines Menschen...eine so gravierende Veränderung dass alles, was vorher von Bedeutung war, plötzlich keinen richtigen Bestand mehr hat in der Zukunft, die sich nun auftut. Alles, was einst vertraut war, verblasst.

Nichts ist mehr so, wie es vorher war.

Man nimmt eine solche Veränderung gerne hin, wenn beispielsweise Kinder ins Leben treten – jedoch nicht, wenn es der Tod ist.

Das Mitleid, das wir erfahren, sicherlich, am Anfang ist es wichtig, sehr wichtig. Wie es das Wort schon sagt, sie leiden mit uns.

Aber können wir das überhaupt?

Wie ist das möglich, wenn wir es nicht selbst erfahren haben?

Ist es nicht teilweise eher ein „für uns leiden“?

Hat nicht jeder seine Vorstellung davon, wie lange dieses Leiden dauern sollte?

Wie intensiv es sein sollte?

Diejenigen, die sich sofort abwenden, haben wirklich ihre Konsequenzen gezogen. Es muss so schrecklich für sie sein, dass sie sich außerstande sehen, in irgendeiner Weise helfen zu können, und ich kann mich des Gefühls nicht erwehren, dass es gerade für diese Menschen der blanke Horror werden muss, wenn sie selbst betroffen sind.

Wir haben Angst, sicherlich… Angst davor, dass diese Krankheit nicht geheilt werden kann, dass sie wieder ausbrechen wird, natürlich haben wir Angst. Jetzt sind wir ja auch sensibilisiert für diesen KREBS, wir haben ihn erfahren, erlebt…Sicherlich sind wir gefährdet, wir wissen es jetzt, wir wurden damit konfrontiert. Wie gut geht es den anderen, denen, die gesund sind.

Aber wie gesund sind wir denn?

Tagtäglich erkranken Menschen an KREBS, erleiden einen Herzinfarkt, erkranken an Aids oder an einer anderen tödlichen Krankheit. Und von da an dreht sich ein Rad unaufhaltsam dem Tode
entgegen, das niemand nachvollziehen kann.

NIEMAND!

Denn jeder lebt und stirbt auf seine Weise. Ich habe mich mit meinem KREBS arrangiert. Ich lebe sehr gut damit. Dankbar dafür, dass die Medizin schon so weit ist, dass mir sogar noch in dieser Situation geholfen werden konnte…

HEUTE

Im Mai **2013** machte ich nach einem fast zweijährigen Kampf eine Neurologische Rehabilitation. Leider hatte diese keinen Erfolg (wie bereits in der Schmieder Klinik in Konstanz) so dass diese nach 3 Wochen mit der Begründung „Meine Krankenkasse bezahlt NUR Pauschal“ beendet wurde.

Ich kämpfe noch immer.

Und kämpfe GEGEN die Symptome, aber gleichzeitig FÜR die Hilfen, die mir – wenn sie mir gewährt würden – helfen könnten, im Alltag besser zu Recht zu kommen. Derzeit erfolgt eine Ergotherapie, aber ich bräuchte dringend eine Rehabilitationsmaßnahme auf neurologischer Basis. Um besser und schneller zu Lernen mich im Alltag zu Recht zu finden.

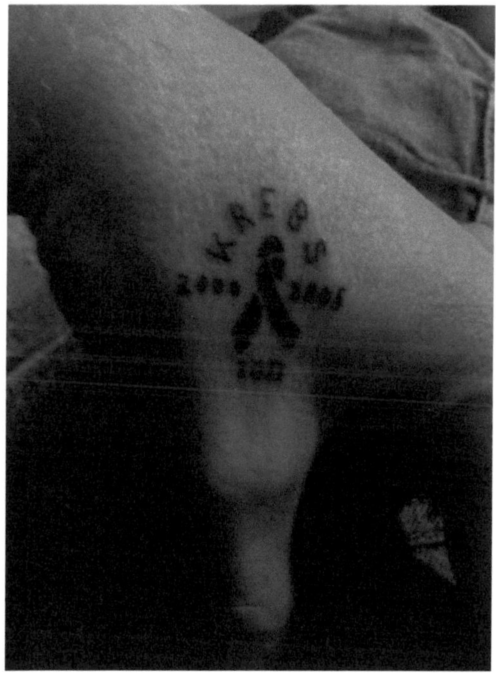

DANKSAGUNG

Ich danke meiner Familie und meinen Freunden. Nicht genug kann ich Euch Danke sagen für Eure Bemühungen, mich immer wieder zu stärken, aufzubauen und nicht verzweifeln zu lassen.

Gerade das Jahr **2011** war sehr schlimm für mich, doch heute geht es mir wieder gut und ich bin wie Phönix aus der Asche auferstanden. Nur durch Euch habe ich die Kraft gehabt weiter zu kämpfen. Denn kämpfen ist Leben und Stillstand ist Tod. Ihr seid grosartige Menschen und ich bin überglücklich, Euch an meiner Seite zu haben.

Euer Martin

Danke

... an alle Freunde, Bekannten und Nachbarn

... für eine stumme Umarmung,

... für tröstende Worte, gesprochen oder geschrieben,

... für einen Händedruck, wenn die Worte fehlten, ...

Zum Gedenken an einen guten Freund (E. K.)

Dein gutes Herz hat aufgehört zu schlagen und wollte doch so gern noch bei uns sein. Gott hilf uns, diesen Schmerz zu tragen, denn ohne dich wird vieles anders sein.

CHRONIK VON MEINER KRANKENGESCHICHTE

- **1997-1998** Rhabdomyosakom Thorax rechts
- **1998-2000** Chemotherapie nach EVAIA
- **2004** Verdacht SAPHO Syndrom
- **2005** NHL (Non Hodgkin Lymphom)
- **2005-2006** Chemotherapie nach CHOP
- **2011** Verdacht auf Schlaganfall
- **2011** T-Zell Lymphom
- **2011-2012** Chemotherapie & Stammzellentherapie

FOTOSHOOTING NACH DER STAMMZELLENTHERAPIE

Fotostudio Ritter

Sebastian Ritter
Marienstr.4
76767 Hagenbach

Tel: **+49 7273 / 91 99 31**

MEDIZINISCHES STICHWORTVERZEICHNIS (in alphabetischer Reihenfolge)

CHEMOTHERAPIE

Die Chemotherapie ist eine medikamentöse Therapie von Krebserkrankungen (antineoplastische Chemotherapie) oder Infektionen (antiinfektiöse Chemotherapie, auch antimikrobielle Chemotherapie). Umgangssprachlich ist jedoch meistens die Behandlung von Krebs gemeint. Die Chemotherapie verwendet Stoffe, die ihre schädigende Wirkung möglichst gezielt auf bestimmte Krankheitsverursachende Zellen beziehungsweise Mikroorganismen ausüben und diese abtöten oder in ihrem Wachstum hemmen. Hierbei macht man sich bei der Behandlung von bakteriellen Infektionskrankheiten den unterschiedlichen Aufbau von mehrzelligen (Mensch) und einzelligen Lebewesen (Bakterien) zu nutze. Eine Chemotherapie kann unter heilenden, adjuvanten oder Palliativen Gesichtspunkten durchgeführt werden. Bei der Krebstherapie mit monoklonalen Antikörpern und Zytokinen, wie beispielsweise Interleukinen und Interferonen, handelt es sich nicht um eine Chemotherapie, sondern um eine Krebsimmuntherapie.

CHOP

CHOP ist die Abkürzung für ein Chemotherapie Schema zur Behandlung von malignen Lymphomen, u. a. aggressive B- NHL. Es umfasst die Arzneistoffe

***C** yclophosphamid*
***H** ydroxydaunorubicin (Doxorubicin)*
***O** ncovin® (Vincristin)*
***P** redniso(lo)n*

COMPUTERTOMOGRAPIE

Die Computertomographie (von altgriechisch τομή, tome, „Schnitt“ und γράφειν, graphein, „schreiben“), Abkürzung CT, ist ein bildgebendes Verfahren in der Radiologie. Im Gegensatz zur Röntgentomographie ist in der Computertomographie die Nutzung eines Computers zwingend nötig, um aus den Rohdaten Schnittbilder erzeugen zu können – daher der Name. Durch rechnerbasierte Auswertung einer Vielzahl, aus verschiedenen Richtungen aufgenommenen Röntgenaufnahmen eines Objektes werden Schnittbilder erzeugt.

EVAIA

Actinomycin D oder Dactinomycin (Handelsnamen Lyovac-Cosmegen®, Cosmegen® (EU); Hersteller: MSD) ist ein Zytostatikum zur Behandlung von Krebserkrankungen. Es gehört zur Gruppe der zytotoxischen Antibiotika. Seine antineoplastische Wirkung wird durch die Bindung an DNA vermittelt, wo Actinomycin D die RNA-Synthese hemmt.

LUMPALPUNKTION

Eine Lumpalpunktion (lat. Lumbus – Lende) ist eine Punktion des Duralsacks im Bereich der Lendenwirbel. Dabei wird eine Hohlnadel in den Lumbalkanal auf Höhe der Lende eingeführt und Nervenwasser (Liquor cerebrospinalis) entnommen. Die LUMPALPUNKTION ist die häufigste Form der Liquorentnahme. Der Einstichort liegt zwischen den Dornfortsätzen des zweiten bis fünften Lendenwirbels, also deutlich tiefer als das untere Ende des Rückenmarkes.

MAGNETRESONANZTOMOGRAPHIE

Die Magnetresonanztomographie (MRT, kurz auch MR; Tomographie von altgriechisch τομή tome ‚Schnitt' und γράφειν graphein ‚schreiben') ist ein bildgebendes Verfahren, das vor allem in der medizinischen Diagnostik zur Darstellung von Struktur und Funktion der Gewebe und Organe im Körper eingesetzt wird. Es basiert physikalisch auf den Prinzipien der Kernspinresonanz (NMR), insbesondere der Feldgradienten-NMR, und wird daher auch als Kernspintomographie bezeichnet (umgangssprachlich gelegentlich zu Kernspin verkürzt). Mit der MRT kann man Schnittbilder des menschlichen (oder tierischen) Körpers erzeugen, die eine Beurteilung der Organe und vieler krankhafter Organveränderungen erlauben. Im Gerät wird keine belastende Röntgenstrahlung oder andere ionisierende Strahlung erzeugt oder genutzt.

HODGKIN- und NON-HODGKIN-LYMPHOM

Das Hodgkin-Lymphom (Synonyme sind Morbus Hodgkin, Lymphogranulomatose; englisch Hodgkin's disease, abgekürzt HD) ist ein bösartiger Tumor des Lymphsystems. Die Erkrankung macht sich durch schmerzlose Schwellungen von Lymphknoten bemerkbar, begleitend können so genannte B-Symptome auftreten. Unter der Sammelbezeichnung Non Hodgkin Lymphom werden alle bösartigen Erkrankungen des lymphatischen Systems (malignen Lymphome) zusammengefasst, die kein Morbus Hodgkin sind. Diese Zusammenfassung hat im Wesentlichen historische Gründe. Die Erkrankungen, die unter diesem Oberbegriff zusammengefasst werden, sind sehr verschieden. Symptome sind meist nicht schmerzhafte Lymphknotenvergrößerungen, Leistungsminderung, Müdigkeit eventuell so genannte „B-Symptomatik", Infektneigung und Infektanfälligkeit Blutveränderungen.

POSITRONEN-EMISSIONS-TOMOGRAPHIE

Die Positronen-Emissions-Tomographie (von altgriechisch τομή, tome, „Schnitt“ und γράφειν, graphein, „schreiben“), Abkürzung PET, ist als Variante der Emissionscomputertomographie ein bildgebendes Verfahren der Nuklearmedizin, das Schnittbilder von lebenden Organismen erzeugt, indem es die Verteilung einer schwach radioaktiv markierten Substanz (Radiopharmakon) im Organismus sichtbar macht und damit biochemische und physiologische Funktionen abbildet (funktionelle Bildgebung). Sie beruht auf der gleichzeitigen Detektion zweier Gammastrahlungs-Photonen, die nach dem Zerfall eines Positronen emittierenden Radionuklids (β+-Zerfall) entstehen.

PUNKTION

Eine Punktion (lat. punctio „das Stechen“, zu pungere „stechen“) ist in der Medizin das gezielte Setzen einer Nadel oder eines anderen spitzen Instrumentes. Die dabei aufgenommene Gewebsflüssigkeit oder -probe heißt Punktat. Eine Punktion kann zur Einspritzung in den Körper (z. B. intravenöse Injektion) oder zur Entnahme aus dem Körper (z. B. Lumpalpunktion) dienen. Hierzu verwendet man Hohlnadeln (Kanüle, Trokar).

REZIDIV

Ein Rezidiv bei der Behandlung von Krebs wird meist durch eine unvollständige Entfernung des Tumors verursacht, die nach einiger Zeit zu einem erneuten Auftreten der Krankheit führen kann. Wer in den fünf Jahren nach der Behandlung eines Tumors kein Rezidiv erfährt, gilt nach allgemeiner Norm als geheilt. Einige Tumoren können aber auch nach längerer Zeit ein Rezidiv verursachen.

RHABDOMYOSAKOM

Das Rhabdomyosakom (gr. ραβδομυοσάρκωμα rhabdomyosárkoma, von rhabdos ‚der Stab' im Sinne der feingeweblichen Querstreifung der Skelettmuskulatur, mys ‚Muskel', sárx ‚Fleisch', ‚Weichteile' und der Endung om für ‚Geschwulstbildung') ist ein hoch bösartiger Weichteiltumor, der aus entarteten Zellen der Skelettmuskulatur herrührt. Etwa 5 % der kindlichen Tumoren sind Rhabdomyosarkome. Erwachsene sind nur selten betroffen. Abhängig von der Lokalisation fallen die Tumore durch Schwellung, Bauchschmerzen oder Symptome beim Wasserlassen (Blutabgang, Schmerzen etc.) auf.

RÖNTGEN

Röntgen (nach dem Physiker Wilhelm Conrad Röntgen), auch Röntgendiagnostik steht für den Prozess des Durchstrahlens eines Körpers mit Röntgenstrahlen unter Verwendung eines Röntgenstrahlers sowie die Darstellung der Durchdringung des Körpers, etwa mittels eines fluoreszierenden Schirms oder eines Bildverstärkers (Durchleuchtung). Die Bilder werden entweder auf geeignetem Filmmaterial (Radiografie), Phosphorplatten oder mittels elektronischer Sensoren, zum Beispiel CCDs (digitale Radiografie), sichtbar. Röntgen ist ein weit verbreitetes bildgebendes Verfahren. Stand der Technik ist Digitales Röntgen.

SAPHO-SYNDROM

Das SAPHO-Syndrom ist eine seltene Erkrankung aus dem Formenkreis der rheumatischen Erkrankungen mit einem Altersgipfel bei jungen Männern und Frauen. Das Akronym SAPHO steht für die auftretenden Symptome:

***S** ynovitis (nicht erosiv),*
***A** kne (oft schwere conglobata-Form),*
***P** ustulosis (der Hände und/oder Füße),*
***H** yperosthose (vor allem im Sternoclavikulargelenk),*
***O** steitis (Spondylarthropathie, odiszitis, multifokale Osteomyelitis... Arthroosteitis).*

SKELETTSZINITIGRAPHIE

Die Skelettszintigraphie, auch Knochenszintigraphie (engl. bone scan) genannt, ist ein nuklearmedizinisches bildgebendes Verfahren (Szintigrafie), das zum Nachweis von Knochen-Anteilen mit einem erhöhtem Knochenstoffwechsel dient. Bereiche mit einem erhöhten Knochenstoffwechsel („Herde") finden sich beispielsweise bei Knochenmetastasen im Rahmen von Krebserkrankungen (z. B. Prostatakarzinom, Mammakarzinom), aber auch in der Heilungszone von Knochenbrüchen oder bei entzündlichen Veränderungen wie z. B. der Osteomyelitis oder bei Lockerungen von implantierten Endoprothesen (z. B. Hüftgelenks- oder Kniegelenksprothesen).

STAMMZELLENTHERAPIE

Als Stammzellentherapie werden Behandlungsverfahren bezeichnet, bei denen Stammzellen eingesetzt werden. Sie findet schon seit vielen Jahren bei der Behandlung verschiedener Krebserkrankungen, wie zum Beispiel bei Leukämien, Anwendung. Diese Indikationen sind unter dem Stichwort Stammzelltransplantation beschrieben. Für diese Therapien werden körpereigene hämatopoetische Stammzellen oder die eines Spenders verwendet. Diese multipotenten Blutstammzellen, aus denen sowohl Kolonien aus weißen als auch von roten Blutkörperchen gezüchtet werden konnten, wurden bereits 1963 von den kanadischen Wissenschaftlern James Till, Ernest McCulloch und Lou Siminovitch entdeckt. Bereits einige Jahre zuvor wurde 1957 die erste Knochenmarkstransplantation durchgeführt.

T-TELL-LYMPHOM

T-Zell-Lymphome stellen eine biologisch, histologisch und klinisch äußerst heterogene Gruppe von Erkrankungen des lymphatischen Systems dar, die ihren zellulären Ursprung in einer maligne transformierten T-Zelle haben. Ihre Prognose ist mit einem 5-Jahres-Überleben von ca. 30% wesentlich schlechter als die der B-Zell-Lymphome. T-Zell-Lymphome sind in Europa und Nordamerika sehr selten. Dies führte dazu, dass T-Zell-Lymphome in der Vergangenheit - zumindest bis zur Einführung von Rituximab in die Therapie von B-Zell-Lymphomen - zusammen mit den weitaus häufigeren B-Zell-Lymphomen in gemeinsamen Therapiestudien behandelt wurden. Dies muss bei der Interpretation der so erhobenen Daten berücksichtigt werden. Prospektive, randomisierte Therapiestudien für T-Zell-Lymphome werden erst seit Kurzem durchgeführt.

ZENTRALER VENENKATEDER

Ein zentraler Venenkateder, ZVK, ein intravenöser Port, ist eine dauerhafte Möglichkeit für einen zentralen Venenzugang. (Bei korrekter Handhabung evtl. mehrere Jahre). Alle Teile liegen unter der Haut, die Portkammer ist leicht zu ertasten.

QUELLENVERZEICHNIS

- **www.dkms.de**
- **www.krebshilfe.de**
- **www.sapho-syndrom.de**
- **www.wikipedia.de**
- **www.morbushodgkin.de**

ADRESSEN UND ANLAUFSTELLEN

BUNDESVERBÄNDE

Die beiden hier aufgeführten Verbände sind die Bundesverbände für an Krebs erkrankte Kinder bzw. Erwachsene. Bei beiden Verbänden finden Sie viele Hinweise auch zu Hilfsangeboten in Ihrer Region:

DLH Deutsche Leukämie- und Lymphom-Hilfe e.V.
Bundesverband der Selbsthilfeorganisationen zur Unterstützung von Erwachsenen mit Leukämien und Lymphomen e.V.
Internet: www.leukaemie-hilfe.de

Deutsche Kinderkrebsstiftung
Telefon: **+49 228 / 91394-0**
E-Mail: info@kinderkrebsstiftung.de
Internet: www.kinderkrebsstiftung.de

INFORMATIONS- UND BERATUNGSSTELLEN

Krebsinformationsdienst, Deutsches Krebsforschungszentrum
Im Neuenheimer Feld 280
69120 Heidelberg
Telefon: **+49 800 / 420 30 40**
E-Mail: krebsinformationsdienst@dkfz.de
Internet: www.krebsinformationsdienst.de oder www.krebsinformation.de

SOZIALRECHTLICHE INFORMATIONEN

Broschüre „Wegweiser zu Sozialleistungen“ online
Internet: www.krebshilfe.de

Deutsche Rentenversicherung
Kostenloses Servicetelefon **+49 800 / 1000 4800**
Internet: www.deutsche-rentenversicherung.de

Versorgungsämter
Internet: www.versorgungsaemter.de

INTERNETFOREN FÜR BETROFFENE

Der Austausch mit anderen Betroffenen per Internet kann eine gute Ergänzung zu anderen Kommunikationsmöglichkeiten sein.

Deutsche Leukämie- und Lymphomhilfe e.V.
Bundesverband der Selbsthilfeorganisationen
Internet: www.leukaemie-hilfe.de

PSYCHOSOZIALE BEGLEITUNG

Deutsche Arbeitsgemeinschaft Psychosoziale Onkologie e.V. (dapo), Münster
Telefon: **+49 700 / 20006666**
E-Mail: dapo-ev@t-online.de
Internet: www.dapo-ev.de

Psychotherapie-Informations-Dienst (PID)
Am Kölnischen Park 2
10179 Berlin
Telefon: **+49 30 / 2 09 16 63 30**
E-Mail: pid@dpa-bdp.de
Internet: www.psychotherapiesuche.de

ZKRD Zentrales Knochenmarkspenderregister Deutschland
Internet: www.zkrd.de

Der Härtefonds hilft in finanzieller Not
Deutsche Krebshilfe e. V.
Härtefonds
Buschstraße 32
53113 Bonn
Telefon: **+49 2 28 / 7 29 90-94**
E-Mail: haertefonds@krebshilfe.de

Karlsruhe Psychosoziale Beratungsstelle für Krebskranke und Angehörige
Arbeiterwohlfahrt Kreisverband Karlsruhe e. V.
Kronenstr. 15
76133 Karlsruhe
Telefon: **+49 721 / 35 007-128** oder **-129** (AB)

Psychosoziale Krebsberatungsstelle Freiburg
Universitätsklinikum Freiburg und Klinik für Tumorbiologie
Hauptstraße 5a
79104 Freiburg
Telefon: **+49 761 / 27 07 75 00**
Telefax: **+49 761 / 27 07 75 30**
E-Mail: krebsberatungsstelle@uniklinik-freiburg.de
Internet: www.krebsberatungsstelle-freiburg.de

KLINIKEN

Mittelrhein-Klinik Bad Salzig
Salzbornstraße 14
56154 Boppard - Bad Salzig
Telefon: **+49 6742 / 60 8-0**
Telefax: **+49 6742 / 60 8-200**
E-Mail: info@mittelrhein-klinik.de

Orthopädische Universitätsklinik Heidelberg
Schlierbacher Landstraße 200a
69118 Heidelberg
Telefon: **+49 6221 / 96 5**

Kliniken Schmieder
Eichhornstraße 68
78464 Konstanz
Telefon: **+49 7531 / 98 60**
Telefax: **+49 7533 / 80 81 33 9**

SRH Klinikum Karlsbad-Langensteinbach GmbH
Guttmannstraße 1
76307 Karlsbad
Telefon: **+49 7202 / 61-0**
Telefax: **+49 7202 / 61-61 61**

Städtisches Klinikum Karlsruhe
Moltkestraße 90
76133 Karlsruhe
Telefon: **+49 721 / 974-0**
Telefax: **+49 721 7 974-1009**

Tumorklinik Freiburg
Klinik für Tumorbiologie
Breisacher Straße 117
79106 Freiburg
Telefon: **+49 761 206-2201** oder **206-1102**
Telefax: **+49 761 206-2205** oder **206-1105**

Helios (WKA) Klinik Diez
Fachklinik für Mutter, Vater und Kind
Felkestr. 37
65587 Diez an der Lahn
Telefon: **+49 6432 / 936 -0**

m&i-Fachkliniken Hohenurach
Immanuel-Kant-Str. 33
72574 Bad Urach
Telefon: **+49 7125 / 151 - 01**
E-Mail: info@fachkliniken-hohenurach.de

EINIGE BILDER (AUFNAHMEN)

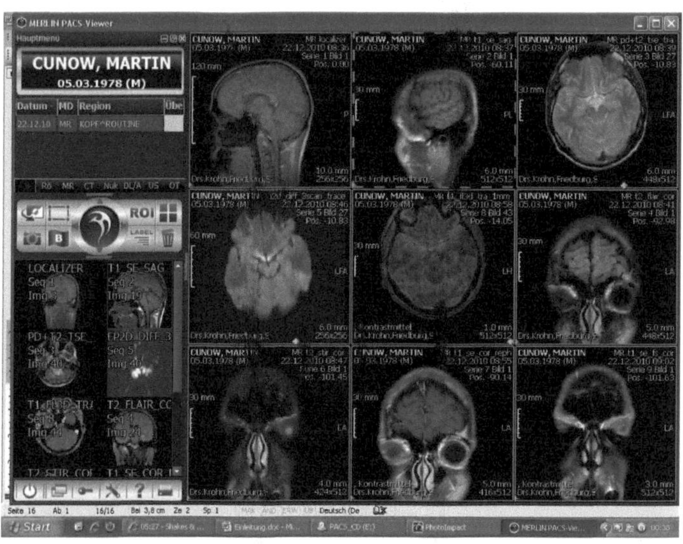

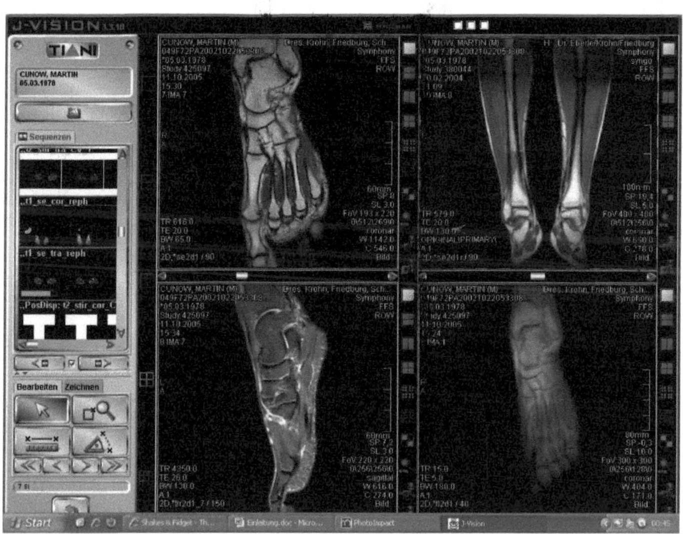

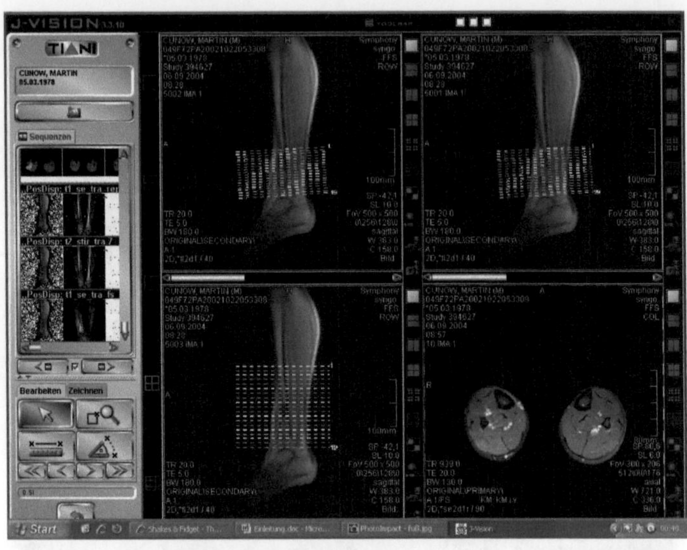
J-VISION
TIANI
CUNOW, MARTIN
05.03.1978
Sequenzen
Bearbeiten
Zeichnen
Start

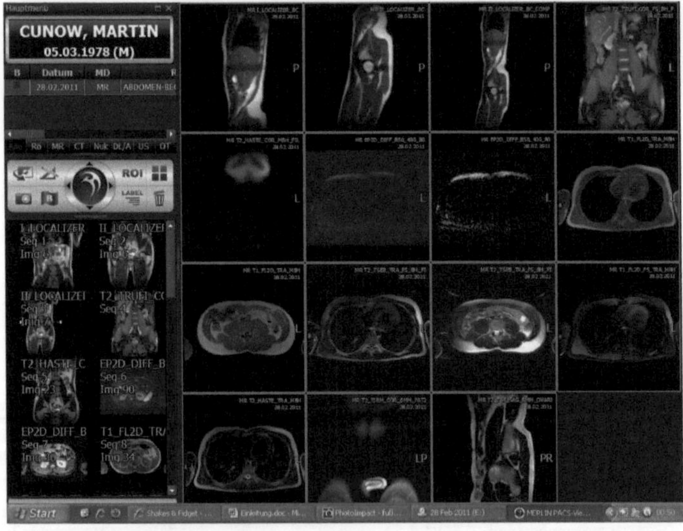
CUNOW, MARTIN
05.03.1978 (M)
Datum
28.02.2011
MR
ROI
Start

Es gibt natürlich 1000 Aufnahmen und Befunde. Es würde aber nichts bringen wenn ich alle hier abdrucken würde. Ich hoffe jedenfalls, dass meine Geschichte für Sie/Euch Interessant ist ich wünsche mir dass ich noch erleben werde, wie viele meine Geschichte lesen werden und mir ein **FEEDBACK** dazu geben werden.

Cunow Martin **2011**

MIX
Papier aus verantwortungsvollen Quellen
Paper from responsible sources
FSC® C105338

Printed by Books on Demand GmbH, Norderstedt / Germany